Die Rechte der Kinder

Direitos da criança

Direcção editorial: Raquel López Varela
Coordenação editorial: Carla Rodrigues Pires e Raquel Rosa
Composição: Carla Nazareth, Cristina A. Rejas Manzanera e Gráfica 99

Ao abrigo da lei em vigor, são expressamente proibidas a reprodução total ou parcial deste livro (texto ou imagem), as citações do seu conteúdo, ainda que mencionando a origem, o seu tratamento informático ou digital, a sua transmissão por qualquer forma ou meio, quer seja electrónico, mecânico, por fotocópia, por digitalização, por registo ou por qualquer outro método, sem autorização prévia, e por escrito, dos titulares do *Copyright*. As infracções das regras acima referidas, ou outras, serão punidas pela lei.

© Maria João Carvalho
© EVEREST EDITORA, Lda.
Pq. Ind. Meramar II, amz. 1 e 2
2635-047 Rio de Mouro — PORTUGAL
ISBN: 978-989-50-1533-7
Depósito legal: 310442/10
Data de impressão: Maio 2010
Printed in Spain — Impresso em Espanha
Editorial Evergráficas, S.L.

Direitos da criança

Maria João Carvalho

Ilustrado por
Carla Nazareth

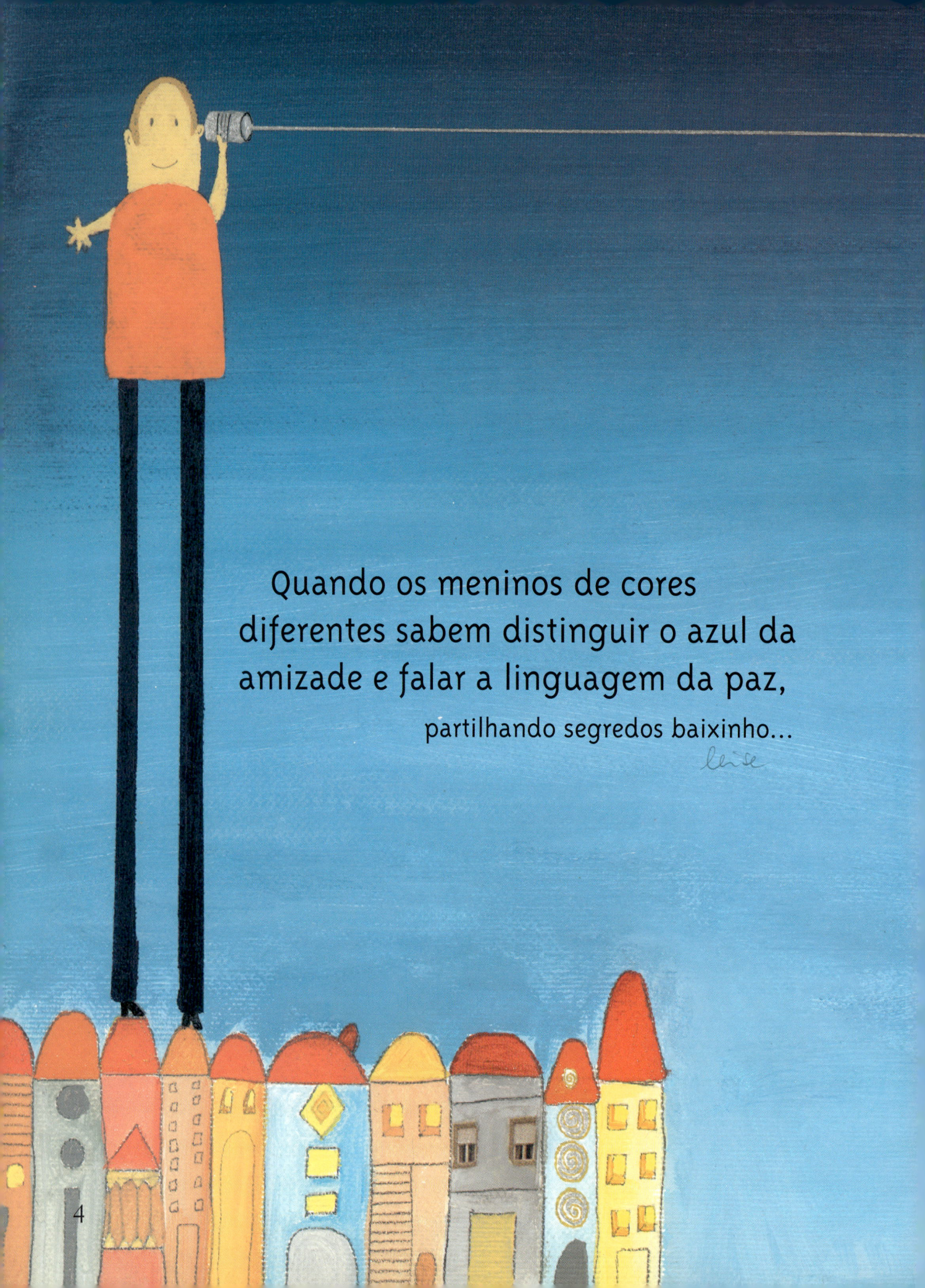

Quando os meninos de cores diferentes sabem distinguir o azul da amizade e falar a linguagem da paz, partilhando segredos baixinho...

Princípio I
Direito à igualdade,
sem distinção de raça,
religião ou nacionalidade.

Princípio II – Direito à especial protecção para o seu desenvolvimento físico, mental e social.

o azul dos mares...

rot der Wüsten
o vermelho dos desertos...

e o verde das selvas...

…unem-se numa ponte feita de arco-íris,

passagem secreta para o reino da harmonia e do bem-estar.

– Eu sou a Maria!

— Eu chamo-me Mary!

Um gesto de amor dispensa palavras,

Princípio IV - Direito à alimentação, morada e assistência médica adequada para a criança e para a mãe.

alimenta sonhos...

e afasta a dor.

Quando para os meninos especiais
se inventa bem de propósito
um sol grande e colorido,
feiticeiro poderoso
na magia de transformar
o querer em poder,
as fadas sorriem
e os duendes repousam.

Princípio V
Direito à educação e a cuidados especiais para a criança física ou mentalmente deficiente.

Quando aquela mãe de olhos esmeralda e cabelos louros ama o seu filho de tez escura e cabelo crespo, as estrelas cintilam e a Lua brilha num abraço cúmplice.

Que bom que é
quando meninos e meninas de todas as cores
rodopiam de mãos dadas na brincadeira
do recreio da escola...

ou chapinham alegres, corpos ao sol,

desafiando com a força da união a bravura das ondas.

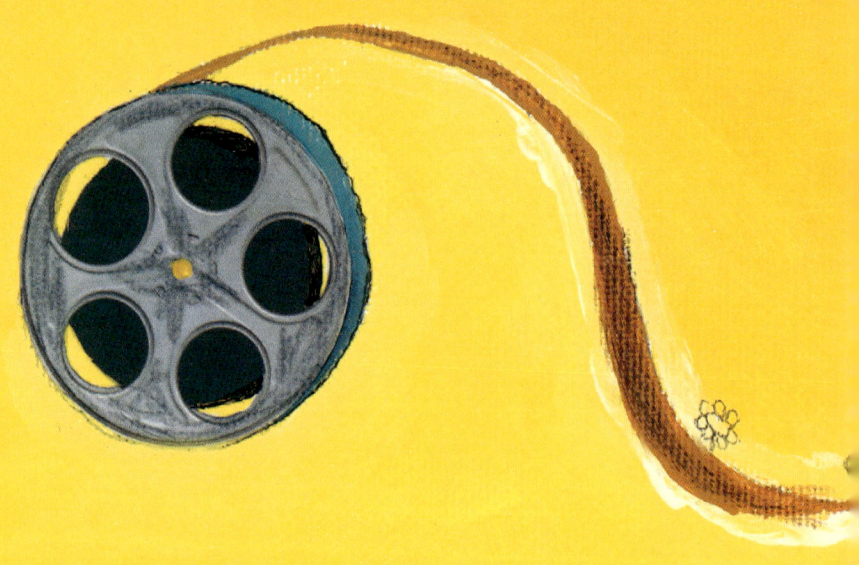

Quando os meninos são as personagens principais dos cuidados, atenções e sonhos de todos nós, o filme é de amor e o final feliz.

Princípio VIII
Direito a ser socorrida em primeiro lugar, em caso de catástrofes.

35

É bom quando, de todos os meninos,
o espelho da justiça apenas reflecte
a brancura da alma,

Princípio IX - Direito a ser protegida contra o abandono e a exploração no trabalho.

37

o brilho da esperança...

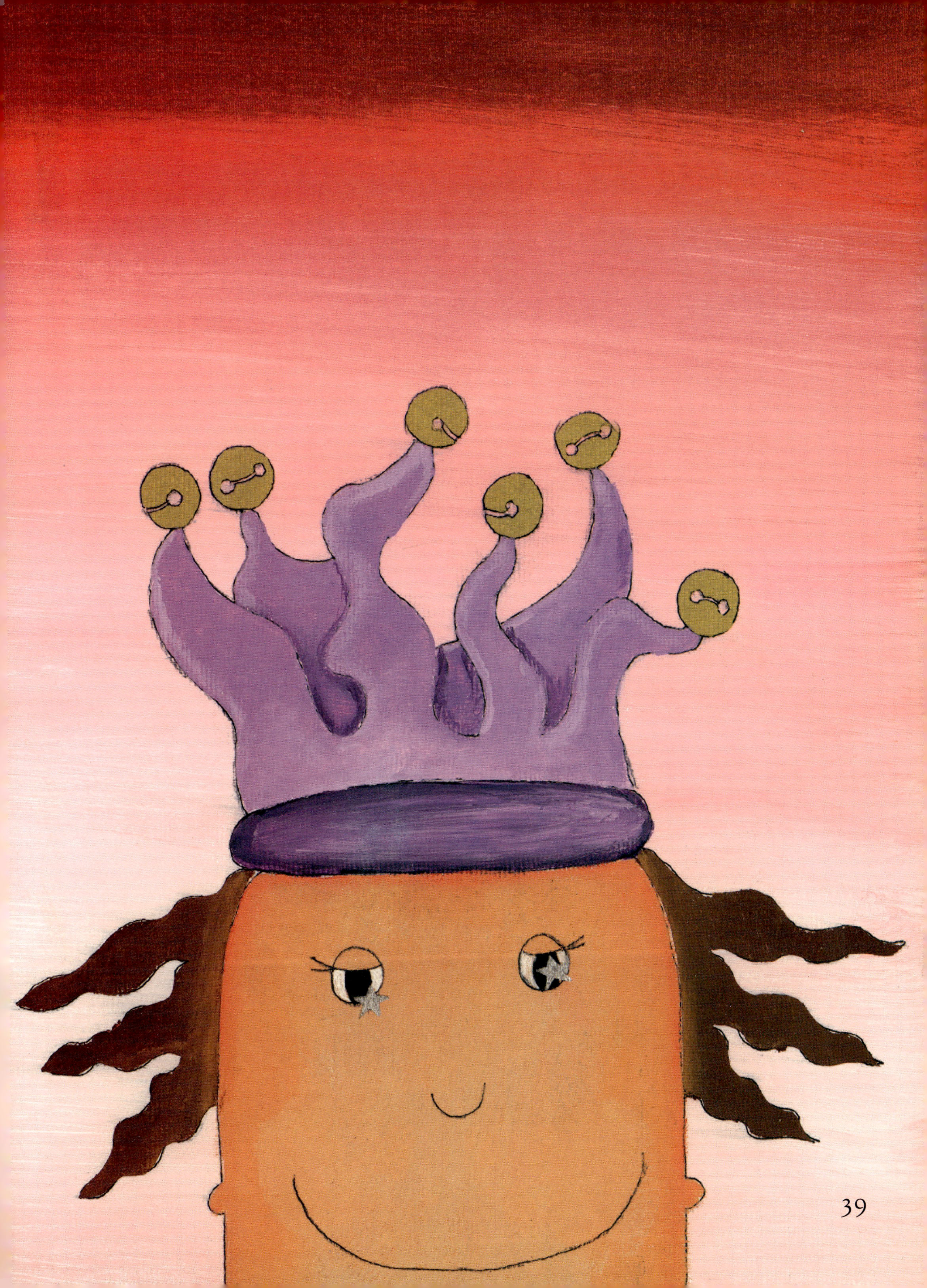

e a serenidade própria
de quem não teme.

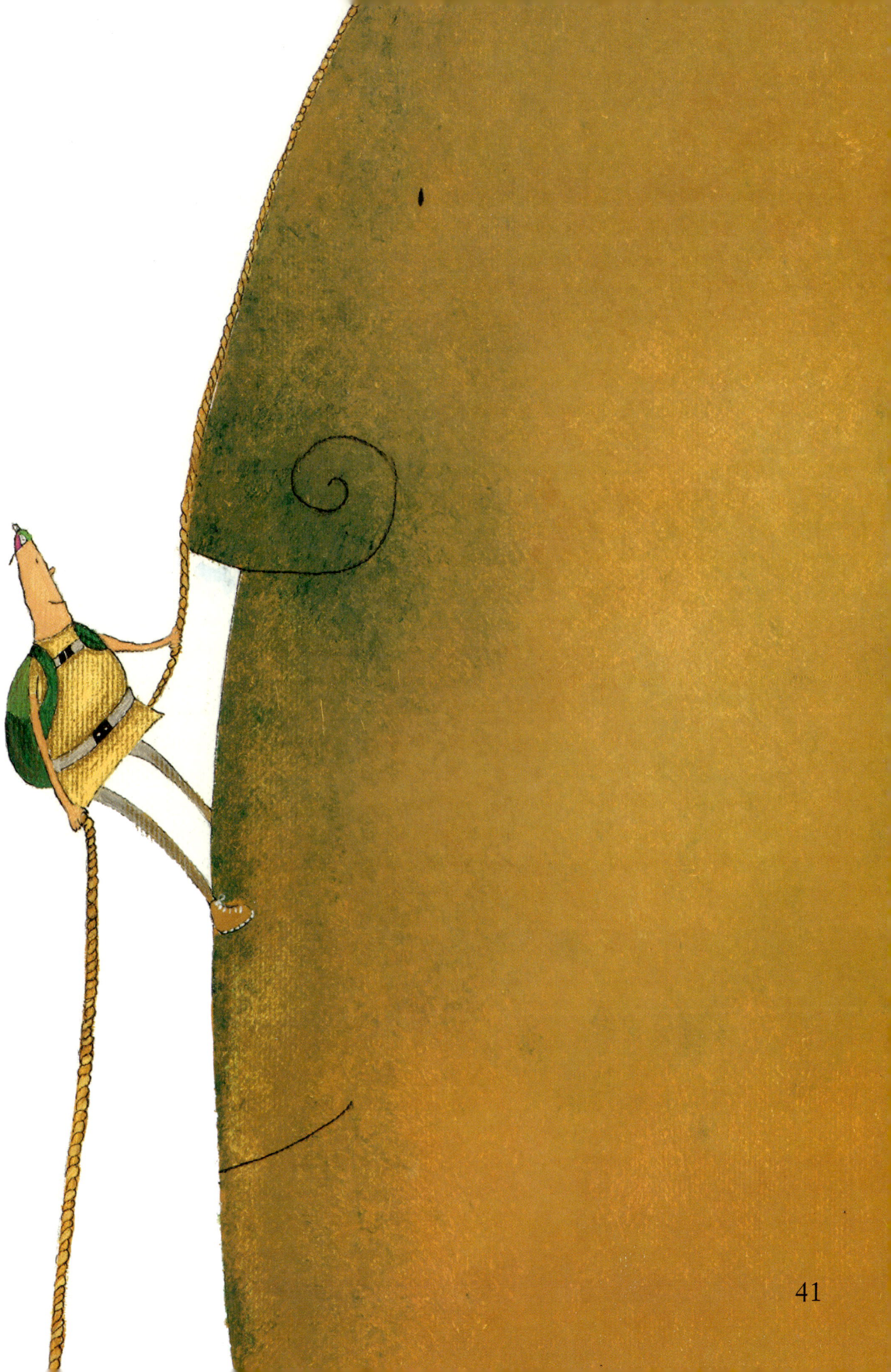

Quando aos meninos de todas as cores, raças, nacionalidades e religiões se ensinam os tons, os cheiros e o sentido do Mundo...

Princípio X

Direito a crescer dentro de um espírito de solidariedade, compreensão, amizade e justiça entre os povos.

o milagre da fraternidade acontece,
pintando de oiro o tesouro da Paz.

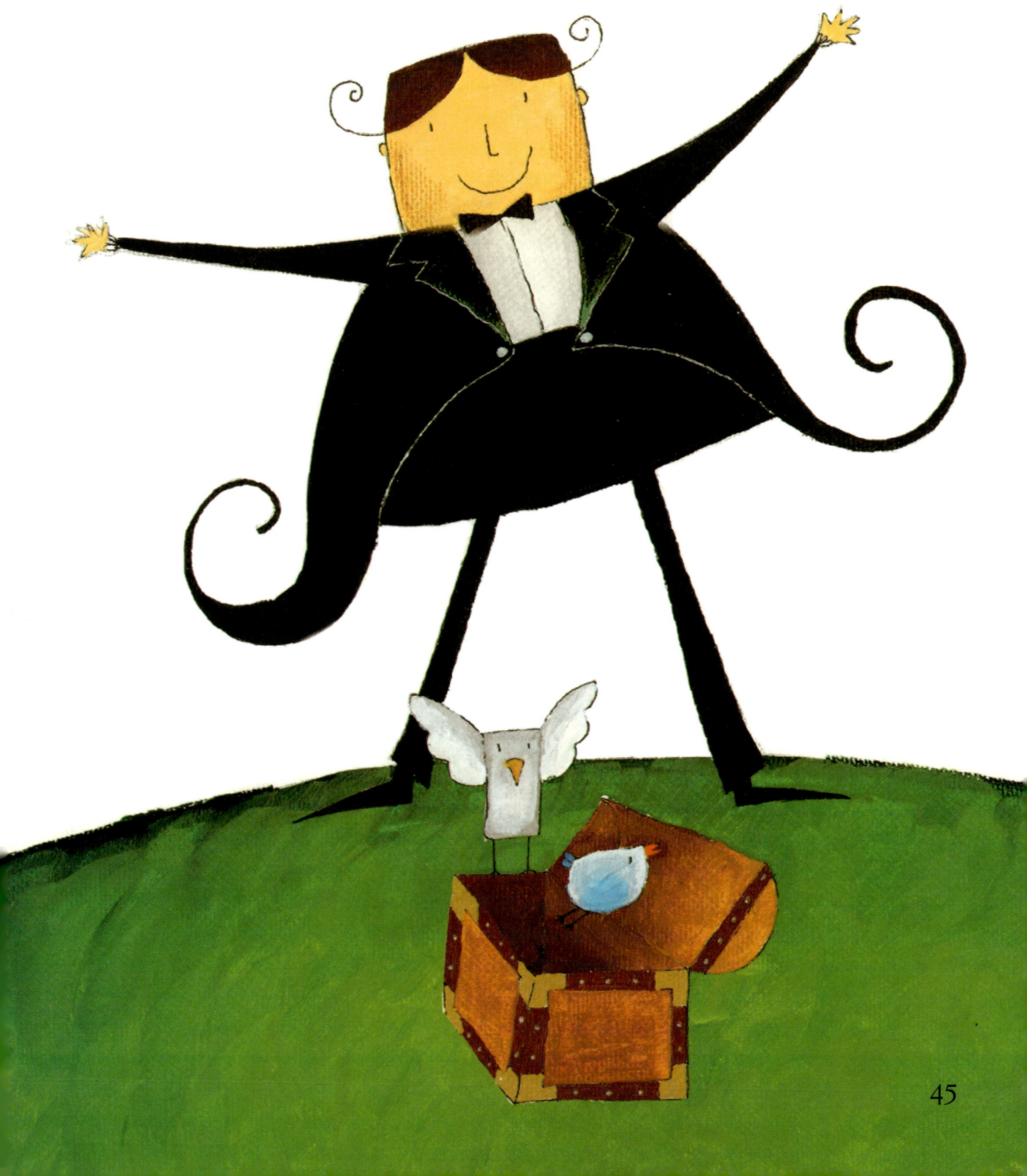

Declaração Universal dos Direitos da Criança

1. A Criança deve gozar de todos os direitos enunciados na presente Declaração. Estes direitos devem ser reconhecidos a todas as crianças, sem excepção alguma, e sem qualquer distinção ou discriminação de raça, cor, sexo, idioma, religião, opiniões políticas, origem nacional ou social, posição económica, nascimento ou outra condição que se refira à própria Criança ou à sua família.

2. A Criança deve beneficiar de uma protecção especial e devem ser-lhe concedidas possibilidades e facilidades, por força da lei e por outros meios, para que possa desenvolver-se física, intelectual, moral, espiritual e socialmente, em condições de liberdade e dignidade. Na adopção de leis com este fim, o interesse superior da Criança deve ser o factor determinante.

3. A Criança tem direito, desde o nascimento, a um nome e a uma nacionalidade.

4. A Criança deve beneficiar de segurança social. Deve poder crescer e desenvolver-se de uma maneira sã: nesta perspectiva, devem ser-lhe garantidos, assim como à mãe, auxílios e protecções especiais, especialmente cuidados pré e pós-natais adequados. A Criança tem direito à alimentação e habitação, distracções e cuidados médicos adequados.

5. A Criança física, mental ou socialmente diminuída deve receber o tratamento, a educação e os cuidados especiais que o seu estado ou situação requeiram.

6. A Criança, para o desenvolvimento pleno e harmonioso da sua personalidade, tem necessidade de amor e de compreensão. Deve, tanto quanto possível, crescer sob a salvaguarda e sob a responsabilidade dos pais e, em qualquer caso, numa atmosfera de afecto e de segurança moral e material; a Criança de tenra idade não deve, salvo em circunstâncias especiais, ser separada da mãe. A sociedade e os poderes públicos têm o dever de cuidar especialmente das crianças sem família ou que careçam de meios de subsistência suficientes. Devem ser concedidos às famílias numerosas subsídios do Estado, ou outros, para a manutenção dos filhos.

7. A Criança tem direito a uma educação, que deve ser gratuita e obrigatória, pelo menos ao nível elementar. Deve beneficiar de uma educação que contribua para a sua cultura geral e lhe permita, em condições de igualdade de oportunidades, desenvolver as suas faculdades, o seu juízo pessoal e sentido das responsabilidades morais e sociais, e tornar-se um membro útil à sociedade. O interesse superior da Criança deve ser o factor orientador para quem tem a responsabilidade da sua educação e orientação; esta responsabilidade pertence, em primeiro lugar, aos pais. A Criança deve ter todas as possibilidades de desfrutar de jogos e de actividades recreativas, que devem ser orientadas para os fins visados pela educação; a sociedade e os poderes públicos devem esforçar-se por favorecer o exercício deste direito.

8. A Criança deve, em todas as circunstâncias, figurar entre os primeiros a receber protecção e socorro.

9. A Criança deve ser protegida contra toda a forma de negligência, crueldade e exploração. Não deve ser submetida a tráfico, qualquer que seja a sua forma. A Criança não deve ser admitida num emprego antes de ter atingido uma idade mínima apropriada; não deve, em caso algum, ser constrangida ou autorizada a exercer uma ocupação ou um emprego que prejudique a sua saúde ou a sua educação, ou que impeça o seu desenvolvimento físico, mental ou moral.

10. A Criança deve ser protegida contra as práticas que possam levar à discriminação racial, religiosa ou a qualquer outra forma de discriminação. Deve ser educada num espírito de compreensão, de tolerância, de amizade entre os povos, de paz e fraternidade universal, e no sentimento de que lhe cabe consagrar a sua energia e aptidões ao serviço dos seus semelhantes.

* Aprovada em 20 de Novembro de 1959, pela Assembleia Geral das Nações Unidas.